प्रेरणात्मक विचार

प्रेरणात्मक विचार

रवीन्द्रनाथ टैगोर

राजपाल

अनुवाद

मीतू माथुर बधवार

स्थापित 1912
100 वर्षों की
श्रेष्ठ प्रकाशन परम्परा
राजपाल

₹ 145

ISBN : 9788170289302

PRERNATMAK VICHAR of Rabindranath Tagore

Concept & Compliation by Meera Johri

मुद्रक : शिव शक्ति प्रिंटर्स, दिल्ली

राजपाल एण्ड सन्ज़

1590, मदरसा रोड, कश्मीरी गेट, दिल्ली–110006

फोन : 011–23869812, 23865483, 23867791

e-mail : sales@rajpalpublishing.com

www.rajpalpublishing.com

www.facebook.com/rajpalandsons

मुझे है पूरा विश्वास
स्वर्ग का आदर्श
है धरती के बहुत पास
नहीं है वह काल्पनिक
बल्कि है अंतिम सच
जिसकी ओर
खिंचे जा रहे हैं सभी
दिखती है जिसकी झलक
सूरज की रौशनी में
पेड़ों की हरियाली में
बहते दरिया में
बसंत के यौवन में और
सर्दी की उनींदी सुबह में

वही पाए जीवन का सार
जिसे प्यारा लगे सारा संसार

शाश्वत आनंद नहीं है
कुछ पाने में
वह तो है समर्पण में
समर्पण उसके प्रति
जो है 'स्व' से बढ़कर
समर्पण देश के प्रति
मानवता के प्रति
ईश्वर के प्रति

सुबह को मत समझो
बीते दिन का विराम
देखो उसे उस दुधमुंहे की मानिंद
जिसका नहीं कोई नाम

थिरकने दो जीवन को
समय के पंखों पर
जैसे ओस की नन्ही बूंद
झूमती है पत्तों पर

जो है हमारा
तय है उसका हम तक आना
लेकिन जीवन में कुछ भी पाने को
पहले पड़ेगा सामर्थ्य जुटाना

माँग कर या छीन कर
जो न पा सकेंगे कभी
सच्चाई और ईमानदारी से
मिल जाएगा वो सभी

विधाता चाहे बस यही
संसार को दिल से अपनाएं सभी
न समझें इसे किराए का घर
सेवा करें इसकी
आत्मिक प्रेम और सौंदर्य देकर

आँख लगी तो सपना देखा
जीवन है आनंद का नाम
आँख खुली तो मैंने जाना
सेवा है जीवन का राज़
बढ़ता रहा कर्म-पथ पर
तो पाया भेद ये गहरा
सेवा में ही है आत्मिक आनंद

ईश्वर और उसके बंदों से रहकर अलग
नहीं समझा जा सकता 'स्व' का अर्थ
स्वयं को जान सकेंगे हम तभी
जब करेंगे संपूर्ण सृष्टि से योग की
अनुभूति

जीवन की जो धारा
बहती है मेरी रग–रग में
वही स्पंदित है सृष्टि के कण-कण में
एकरूप हो दोनों धाराएं
करती हैं नृत्य
प्रकृति के प्रांगण में

मिलती है तभी स्वतंत्रता
जब चुका दिया हो
जीवन-अधिकार का मोल पूरा

संभव ने असंभव से पूछा
कहां है तुम्हारा बसेरा
असंभव बोला
दुर्बल-कायर जन के
सपनों में है मेरा डेरा

सुंदरता है सच की मुसकान
सदा सच बोलने वाला
दर्पण देता यही ज्ञान

प्रेम में एकरूप हो
खो जाते हैं विरोधाभास कहीं
द्वैत-अद्वैत में
नहीं रहता भेद कोई
प्रेम का अर्थ है
होना दो शरीर और एक जान
नहीं होती प्रेम में
बंधन और आज़ादी की प्रतिद्वंद्विता
क्योंकि प्रेम में है जितना बंधन
उतनी ही उन्मुक्तता

कुछ नहीं कर पाता हथौड़े का प्रहार
कंकड़ गाते हैं तभी जब नाचे जल की धार

कसता रहा
ढीले करता रहा
साज़ के तार मैं सुबह-शाम
इस चक्कर में मैं ऐसा उलझा
छेड़ न पाया कोई भी तान

तितली जीती है

हर पल

नहीं देखती

आज या कल

यही राज़ है गहरा

समय मिले उसे बहुतेरा

शारीरिक, सामाजिक और आत्मिक
मनुष्य की हैं तीन प्रवृत्तियां
स्वास्थ्य, अच्छाई और प्रेम में है
इनकी निवृत्तियां

संभावना निपुणता की
पीछे छोड़ देती है
विरोधाभास सभी

है पहली चाह जीवन की
हस्ती बनी रहे उसकी

जीवन का है अनमोल सबक
है संसार में बहुत दुःख-दर्द
पर है यह मनुष्य के ही वश में
कि दुःख को बदल सके सुख में

जैसे बरतन में रखा पानी
लगता है उजला-उजला
पर समंदर का पानी
गहरा और स्याह
वैसे ही सच में होती है स्पष्टता
पर महान् सत्य होता है
मौन और गंभीर सदा

हमारे जुटाए साजो-सामान
करते हैं हमें दूसरों से जुदा
कभी-कभी जीवन में
धन बन जाता है हमारी सीमा

मत थोपो बच्चों पर
जो सीखा तुमने जीवन में
तलाशने दो उन्हें नए क्षितिज
वे जन्मे हैं एक नए युग में

जीवन का है जन्म से रिश्ता
तो मृत्यु से भी है उसका नाता
जैसे अगर हो आगे बढ़ना
तो कदम उठाकर ऊपर
पड़ता है वापिस नीचे रखना

तथ्य हैं कई
सत्य है एक ही

किसी को जानना-समझना
है उसमें खुद ही को खोजना
स्वयं से इतर स्वयं की खोज
ले जाती है आनंद की ओर
जान-पहचान का नाता रहता अधूरा
प्रेम का रिश्ता ही होता समग्र और पूरा

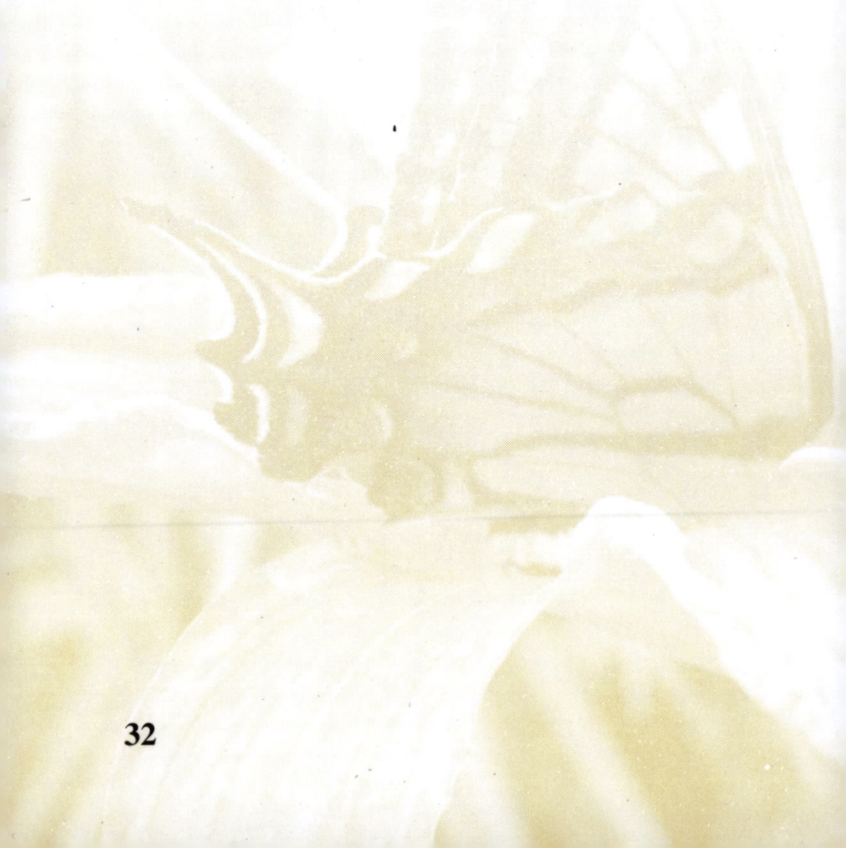

कोहरा चाहे जितना छा जाए
पर्वत का विश्वास डिगा न पाए

मानव-जीवन की यही त्रासदी
कि सीमाओं को धकेल
बनाना चाहते हैं हम
परिमित को अपरिमित
और पहुंचना चाहते हैं असीम–अनंत तक
बढ़ाकर सीमित सीढ़ी के सोपान

हे ईश्वर! जिनके पास सिर्फ़ तू है
और कुछ नहीं
उन पर हंस रहे हैं वे नादान
जिनके पास सब है पर तू नहीं

सीमित में होना प्रकट असीम का
है संपूर्ण सृष्टि का लक्ष्य
जो दिखता है अपनी संपूर्णता में
न तारों भरे आसमान में
न फूलों की कोमलता में
बल्कि मनुष्य की आत्मा में

समंदर का सच
नहीं समझ पाता
मद में चूर बुलबुला
हँसता है उस पर
और जाता है फट
क्योंकि वो था खोखला

जो करते हैं फल की तृष्णा
वो नहीं देख पाते फूलों का खिलना

तोड़कर शीशी
गिराकर दवात
वो अकड़कर कहते हैं
दिन को रात

अंधेरे में आलाप करते
मेरे दुःखों के मेघ
भूल जाते हैं कि
उन्होंने ही ढक रखा है
सूरज का तेज

मैं करता हूं प्रेम अपने ईश्वर से
क्योंकि वह नहीं रोकता मुझे
खुद को नकारने से

बड़प्पन का बोझ है
धन-विपुलता
परोपकार में ही है
जीवन की परिपूर्णता

बधिर जीवन की है यही त्रासदी
कि ढोने को सितार का बोझ
करते रहते हैं हम
उसकी कीमत का जोड़-बाकी
पर नहीं जान पाते कभी कि
सितार से होती है उत्पन्न
मधुर स्वरलहरी

जिसे जाना है
उसके लिए खोल दो द्वार
रास्ता रोकने पर
दुःख का नहीं रहता पारावार

सुलझते-उलझते न जाने
कितने ही धागों से
बनता है जीवन का
रंगीन तानाबाना

मेरी जीवन-बगिया में
बस धूप-छांव रहे मेरी पूंजी
जिन्हें न तो बटोरा
न ही जमा किया जा सकता कभी

लाभ होता है अच्छाई पर मेहरबान
जब अच्छाई हो लाभदायक

किसी व्यक्ति को अपनी असल संपदा का
होता है तभी सही अंदाज़ा
जब खुद ईश्वर मांगता है
उससे कोई तोहफ़ा

यह सोच-सोच हो कीड़ा हैरान
इंसान क्यों नहीं खाता वे किताबें
जिनमें बसती है उसकी जान

अम्बर नहीं बसाता चमन
ताकि धरती के स्वप्न छू सकें गगन

अनाम रोशनी की प्रशंसा में
ओस में भीगी दूब
गाती है प्रशंसा के मौन गीत

नहीं टटोलूंगा अंधियारे में
रक्खूंगा ये विश्वास
होगी सुबह
और आएगा सच सामने
अपनी सादगी के साथ

जला सके अपना चिराग
इक तारा चाहे बस यही
मिटा देगा अंधेरा
करता नहीं ऐसा दावा वो कभी

विशाल पर्वतों पर चढ़
स्थिरता आंकती है अपनी ऊंचाई
शांत झील की लहरों पर
गति खोजे अपनी गहराई

हे ईश्वर! संकट मत घटाना मेरे
देना अभयदान
कि सामना कर सकूं उनका
पीड़ा मत हरना
देना हौंसला कि
सह सकूं उनको
मत देना जीवन-रण में कोई साथी
बनाना साहसी कि
डटा रह सकूं मैदान में

बुढ़ापा संभल-संभल रखे हर कदम

इठलाता बलखाता जाए यौवन

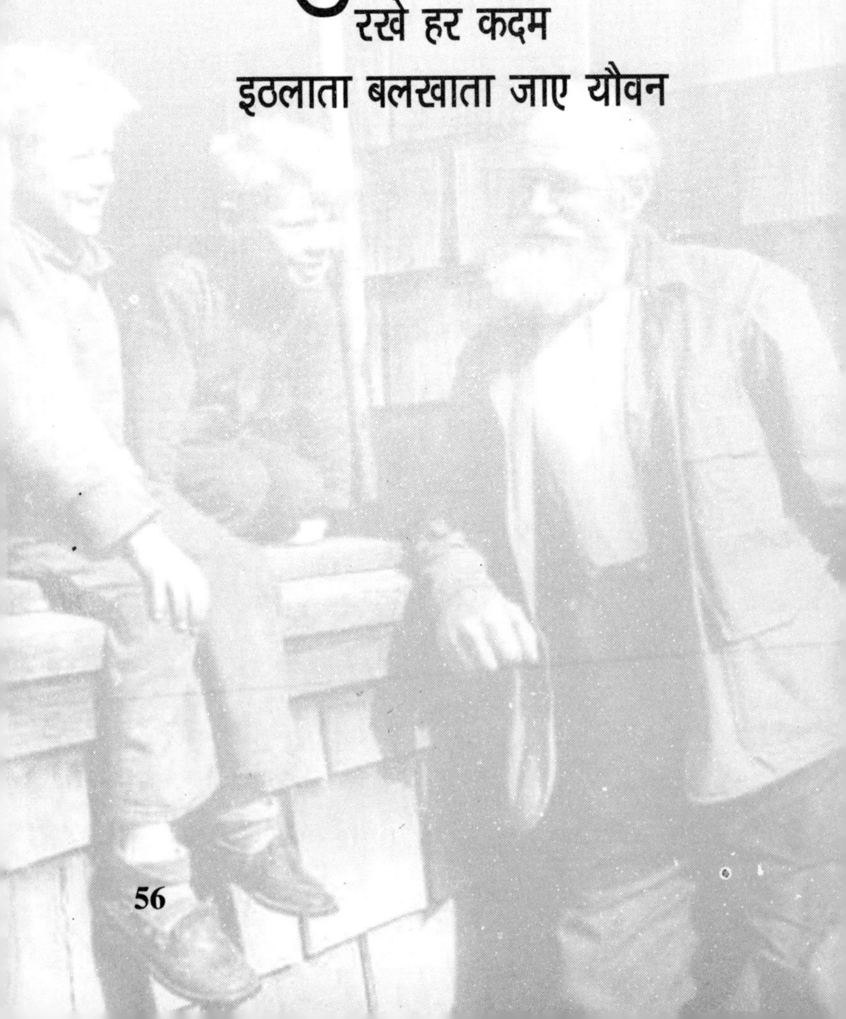

बनाने को अपना मंदिर
ईश्वर चाहता है हमारा प्रेम-भर
पर हम जुटाने लगते हैं ईंट और पत्थर

मेरे मन का बोझ कम होता है तब
खुद पर खिलखिलाता हूं मैं जब

उम्र की इस ढलान पर भी
आते हैं नित मेघ
नहीं लाते वे बारिश
नहीं लाते वे तूफान
बस लाते हैं लालिमा
रंगने मेरी जीवन-संध्या को

हर बच्चे के हाथों ईश्वर भेजता है यह पाती
कि इंसान में उसकी उम्मीद अब भी है बाकी

कागज़ की मेरी किश्ती
झूमेगी समय की लहरों पर
न है इसे कोई आस
न किसी मंज़िल की तलाश

देखी-भाली, जानी-पहचानी दुनिया
के चारों ओर होता है
भय, भ्रम और भटकाव का महासागर
जो ललकारता है मनुष्य को
अनजानी गहराइयों में उतरने के लिए

अप्राप्य के प्रति
धरती की निराशा की अभिव्यक्ति
ऊंचे-ऊंचे पहाड़ों से है झलकती

मुखर और स्पष्टवादी होना है आसान
जब पूर्ण सत्य का ना हो ज्ञान

विनयशील में सब गुणों की खान
वही है ईश्वर की प्रिय संतान

धरती की आह
सुनता है बस आकाश
उत्तुंग वृक्षों के हाथ
धरती भेजती है संदेशा
उसके पास

हाथ पर हाथ धरे बैठना
है देना स्वयं अपनी मौत को बुलावा
जिसने उठाए ज़ोखिम
जीवन को भरपूर उसी ने जिया

पानी की थाह लेनी पड़ती है
उसमें कूदकर
किनारे पर खड़े रहकर
पार नहीं होता समंदर

साधारण-से-साधारण वस्तु
पाती है जब अनंत रहस्य का स्पर्श
तो फूटता है अनकहा संगीत
वृक्ष, तारे और नीले पहाड़
गूंज उठते हैं ऐसे अर्थ से
जिसे नहीं किया जा सकता कभी
अभिव्यक्त शब्दों से

मिट्टी देती है पेड़ को आधार
पर बांधकर रखती है उसका विस्तार
आकाश देता है उसे सिर छिपाने की जगह
पर नहीं छीनता उसकी आज़ादी
मिट्टी की तरह

वह मस्तिष्क है तेज़ धार का चाकू
जिसमें है बस तर्कों का जाल
जो काम में ले उसको
हो जाए लहूलुहान

मृत्यु नहीं बुझाती रोशनी
वो तो बुझाती है बस चिराग
क्योंकि भोर का हो चुका है आगाज़

जो करना चाहे भला किसी जन का
उसके द्वार पर दस्तक दे वही
जिसमें भरा है असीम प्रेम
उसके लिए रहते द्वार खुले हरदम
दस्तक की ज़रूरत नहीं पड़ती कभी

प्रेम की कमी है एक हद तक बर्बरता
क्योंकि प्रेम ही दर्शाए इंसान की जाग्रत अवस्था
हम प्रेम नहीं करते क्योंकि यह नहीं समझते हम
या शायद नहीं समझ पाते क्योंकि प्रेम नहीं करते हम
प्रेम नहीं है महज़ कोई भाव
ये है सृष्टि का मूल
हर सच और खुशी का केंद्रीय भाव

जिनमें नहीं होता अपनी गलतियां देखने का दम
सच उनसे दूर ही रहता है हरदम

अगर क्रोध बन जाएगा
हमारी राजनीतिक गतिविधियों का आधार
तो उद्‌देश्य से जाएंगे हम भटक
और उत्तेजना ही बन जाएगी हमारा लक्ष्य
उत्तेजना नहीं है शक्ति का प्रतीक
है बस कमज़ोरी का प्रदर्शन

रात्रि के अंधेरे में
किसी चीज़ से टकराना
करवाता है उसके
पृथक् अस्तित्व का एहसास
लेकिन दिन के उजाले में
प्रकट होती है वो एकरूपता
जो समेटे है सबको स्वयं में

शाश्वत जीवन की चाह में
हम करते हैं प्रार्थना कि
हमारी सभी आदतें और आराम
बने रहें यूं ही अनन्त काल तक
और जाते हैं भूल कि
अमरत्व नहीं है यथास्थिति में
वो तो है जीवन के निश्चित
स्वरूपों को बार-बार
पार कर सनातन सत्य को पाने में

मजबूरी या डर से किए किसी काम में
नहीं प्रकट हो पाती हमारी वास्तविक प्रवृत्ति
जैसे मां का ममत्व होता है प्रकट
जब वो करती है अपने बच्चे की सेवा
वैसे ही उसी कर्म में ही है हमारी स्वतंत्रता
जिसमें रमता हो मन हमारा

आधिपत्य जमाना नहीं है प्रेम का काम
उन्मुक्तता ही है इसकी पहचान

यदि जीवनयात्रा है अनंत
तो कहां है इसकी मंज़िल
उत्तर है हर तरफ़ क्योंकि
हम आ गए हैं एक ऐसे महल में
जिसका नहीं है कोई ओर-छोर
जिसे हर पल जानने-संजोने से
जुड़ गया हमारा अनमोल रिश्ता
इसके हर कोने से

हो अगर बोझ तो हटा देना तोहफे से मेरा नाम
मगर मत भुलाना मेरी दुआएं रखना इतना मान

मृतकों को दो अमिट प्रसिद्धि
और जीवितों को अमर प्रेम

ज़िन्दगी खिलखिलाती रहती है
एक बच्चे की तरह
और बढ़ती रहती है आगे
बजाते हुए मौत का झुनझुना

हम जाते हैं
भीड़ के बीच
दफनाने अपने भीतर
का शांत कोलाहल

दुनिया बंटी है सीमाओं में
लेकिन उसका मकसद है कुछ और
वो है बढ़ते रहना परिपूर्णता की ओर
संसार में हों भले ही अनंत दुख-तकलीफ
लेकिन अच्छाई, प्रेम और खुशी
चलें साथ तो हो हर इंसान की जीत

समंदर में मछली रहे मौन
धरती पर जानवर करें शोर
आसमान में गूंजे पंछियों का कलरव
मगर मनुष्य है वो जीव
जिसमें है समंदर की खामोशी
धरती का शोर
और हवा का संगीत

समय है बदलाव की पूंज़ी
जब घड़ी करती है उसकी नकल
पूंज़ी नहीं रहती कहीं
समय बदलता है केवल

मंदिर की शांत चारदीवारी से निकलकर
बच्चे भाग गए धूलभरी सड़कों पर
ईश्वर उनका खेल देखने में मगन है
उधर, मंदिर में पुजारी गा रहा भजन है

भेदकर गर्भ की
रहस्यमयी दुनिया का अंधकार
मनुष्य होता है उजियारे जीवन के
और भी रहस्यपूर्ण पहलुओं से दो-चार

वृक्ष है वर्तमान
फूल अतीत
याद दिलाएं दोनों
कुर्बानी उस बीज की
जिससे उपजा पूरा गीत

मृत्यु से नित नया होता
ईश्वर का संसार
असुरों का अस्तित्व
करे अपनी ही सृष्टि का संहार

सौंदर्य में है संतोष का गुण
'थोड़ा' और की चाह है बर्बरता का अवगुण

छाया संजोती है प्रकाश की स्मृति
तब बनती है अनुपम छवि

बांसुरी करे इंतज़ार सुर-साधक का
छेड़ने को मधुर स्वरलहरी
वो अबोध चहुं-दिशा
खोजता फिरे अपनी मुरली

तारों के मंदिर में बैठा ईश्वर
करता है हर पल प्रतीक्षा
हर व्यक्ति जलाए एक दीप
करे दूर अज्ञान की निशा

हे बालक! तुम लाते हो
मेरे हृदय के निकट
जल का गान
पवन की तान
फूलों के मौन भेद
बादलों के स्वप्न
और मूक टकटकी
भोर के सूरज की

संध्या क्षमा करती है
दिन की हर भूल
तभी पाती है
मन की शांति
चैन और सुकून

पहाड़ी पर लगी घास
जीती है अनंत काल तक
क्योंकि वह झेलती है मृत्यु
के असंख्य वार
पर जी उठती है हर बार

अनजान नगर का
अजनबी फूल
कहने लगा कवि से
प्रिय! हम बने हैं
एक ही माटी से
ये तो न जाओगे भूल

कलम बेचारा देख न पाए

हर लेखक को नादान

लिखे को निरर्थक हीं पाए

दिन ढलने पर जब मैं आता हूं तुम्हारे पास
तुम देख लेते हो मेरी हर चोट का निशान
और लेते हो जान
कितने ज़ख्म खाए मैंने
और भरे कितने घाव

उन तक पहुंचे मेरा आखिरी सलाम
जो जानते थे मेरी कमियां
समझते थे मेरी कमज़ोरियां
फिर भी करते थे
मुझसे अथाह प्यार

जब मृत्यु आकर निकट
मेरे कान में फुसफुसाती है
दिन बचे हैं अब गिनती के
मैं कहता हूं उससे
समय को नहीं
प्रेम को जिया है मैंने
वह पूछती है
क्या तुम्हारे जाने के बाद
तुम्हारे गीत रहेंगे शेष
मैं कहता हूं, नहीं जानता
पर जब भी गाया उनको
पाया है मैंने अमरत्व